Mon Echange Scolaire

MON ECHANGE

Dates du séjour: du ....

Je m'appelle ....

et je suis chez:

Nom de famille ....

Prénom ....

Adresse ....

....

....

Numéro de téléphone ....

Mon professeur s'appelle ....

Il/Elle est chez ....

Adresse ....

....

....

Le numéro de téléphone est ....

SOME ADVICE

1 Documents

Passport: Your group leader will specify whether you will be included on a group passport or whether you should have your own.

EHIC: Your parent or guardian can apply for your European Health Insurance Card (EHIC) online, by phone or by post. (Ask at your Post Office.) If you are ill while in France, ask your host to make a medical appointment. The rules about treatment and payment using an EHIC are given in the NHS *Health Advice for Travellers* booklet. It is a good idea to give a photocopy of your EHIC to your group leader.

Travel Insurance is advisable. Often your group leader will have organised this. Ask the leader's advice on what to do about insurance of personal possessions.

2 Money

Discuss with your group leader and your parents how much to take with you. If you are taking cash, it is sensible to divide it up and put it into two or more separate secure places.

You may find it is cheaper to get together with friends to change small amounts of money. That way you share the bank's commission charges.

Conversion: While rates of exchange may vary, early in 2008

$$1€ = \text{about } 80p$$
$$2€ = \text{about } £1.60$$
$$5€ = \text{about } £4.00$$
$$10€ = \text{about } £8.00$$

To change euros into £ sterling, you can use this ready reckoner:

€	10	20	30	40	50	60	70	80	90	100
£	8	16	24	32	40	48	56	64	72	80

Mon Echange Scolaire   *Some advice*

3   **Phoning Home**

Nearly all public phone boxes are card phones. Cards (*les cartes téléphoniques*) are available in post offices, *tabacs* and newsagents.

To phone home

You dial 00, wait for a change in the tone, then dial 44, then the UK area code without the 0, then the number you want.

You may wish to ask to phone home to tell your parents that you have arrived, but do not expect to use the phone frequently.

Mobile phones

See your network provider's website for calling instructions, and to check charges for calls and texts and for receiving calls, texts, etc when abroad. Don't forget your charger and adapter.

4   **What to take with you**

If you wish, a small gift for your hosts can break the ice.
Tea, marmalade, shortbread biscuits or a simple book with pictures about your local area are very acceptable.

Photographs of your family can be a helpful talking point and also give you the chance to say simple phrases in French.

A checklist for your packing is printed on Page 5.

Medication

If you need medication on a regular basis, please ensure that you have it with you. Make sure it is clearly labelled and inform your group leader.

5   **Customs Arrangements**

Explosive caps, fireworks, imitation firearms, knives of any kind, imitation knives (e.g. flick combs) may not be brought back to the UK. (See HM Revenue & Customs regulations for other restrictions)

Concessions on alcohol (cider, beer, wine and spirits), cigars and cigarettes are intended for adults, so if you are under 18, do not bring back these items even as presents.

HOW TO BE THE PERFECT GUEST

1. SMILE and greet people.
   Try to speak the language - and don't worry if you make a mistake - you are there to learn! Remember to tell your family when you are happy and when you have enjoyed a special meal or outing arranged for you.
   Also remember to say Pardon **Monsieur**, Pardon **Madame** if you need to apologise.

2. Try to eat what is put in front of you. It is ill-mannered and so disheartening for the cook if you refuse food without even trying it. DO tell your hostess politely early in your stay if there is anything you are unable to eat.

3. Do respect your host family's rules about times to be home, bedtime, mealtimes and getting up time. Obviously these times may be different from what you are used to.

4. Do not stay hidden in your room.
   Do not spend the whole visit wearing headphones!
   Be prepared to take part in family activities.

5. Make sure you have something to do (a book to read, a diary, letters or postcards to write) if your exchange partner is busy.
   If there is another member of the family available, you could practise the survival phrases from this book!

6. Do not spend too much time talking or texting on your mobile. This is often seen as rude when you are with other people.

7. Remember to ask permission before using your host family's computer for checking your email or using the internet.

8. Do keep your room or your part of the room clean and tidy.

9. Do offer to help with clearing the table, washing up, etc.

10. Do keep your room or your part of the room clean and tidy.
    Be considerate in your use of the bathroom.

11. Accept graciously any offers of help with laundry.

12. Do write a Thank You letter. See page 28 for some help with this.

POSSIBLE PACKING CHECKLIST

Il me faut:

un sac à dos	rucksack	☐
mon passeport	passport	☐
ma carte d'assurance maladie	EHIC	☐
de l'argent	money	☐
mon portable	mobile	☐
un anorak	anorak/jacket	☐
des chaussettes	socks	☐
des chaussures, des baskets	shoes, trainers	☐
une chemise	shirt	☐
une chemise de nuit, un pyjama	nightdress, pyjamas	☐
un chemisier	blouse	☐
un jean	jeans	☐
une jupe	skirt	☐
un maillot de bain, une serviette	swimsuit, towel	☐
des mouchoirs (en papier)	handkerchiefs (tissues)	☐
un pantalon, un pullover, un tricot	trousers, jumper, sweater	☐
un réveil	alarm clock	☐
une robe	dress	☐
un short	shorts	☐
des serviettes hygiéniques	sanitary protection	☐
des slips	pants	☐
des soutiens-gorge	bras	☐
un survêtement	tracksuit	☐
des Tee-shirts	T-shirts	☐
un appareil-photo	camera	☐
un stylo, un crayon	pen, pencil	☐
une brosse à dents, du dentifrice	toothbrush, toothpaste	☐
une brosse, un peigne, du shampooing	brush, comb, shampoo	☐
du savon, du maquillage	soap, make-up	☐
un baladeur, un lecteur MP3, des CDs	walkman®, MP3 player, CDs	☐
photos	photos	☐
des cadeaux pour la famille française	presents for French family	☐
des médicaments, des pansements	medication, plasters	☐
un livre, des magazines	book, magazines	☐

LE VOYAGE ALLER

La date du départ..
L'heure du départ du Royaume-Uni..
L'heure d'arrivée en France...
Quel temps fait-il?..
....
En route, j'ai mangé..
....
J'ai bu..
J'ai acheté..
Le nom du bateau...
Le Capitaine s'appelle...

J'ai pris:
    le car............... ☐   le train............. ☐   l'autobus........... ☐
    le tunnel........... ☐   l'avion.............. ☐   le bateau........... ☐

Je suis parti(e) du Royaume-Uni de .... (aéroport/port)
Je suis arrivé(e) en France à.. (aéroport/port)

En route j'ai remarqué:-

un gendarme.................... ☐		un TGV............................... ☐
un képi............................. ☐		une aire de repos................. ☐
une boîte aux lettres......... ☐		un tricolore .... ☐
un bureau de tabac .... ☐		un hôtel de ville................... ☐
un péage .... ☐		une station-service.............. ☐

D'autres choses que j'ai vues:- ....
....
....
....
....
....
....
....
....
....

LE VOYAGE RETOUR

La date du retour ....
L'heure du départ de France ....
L'heure d'arrivée au Royaume-Uni ....
Quel temps fait-il? ....
....
En route, j'ai mangé ....
....
J'ai bu ....
J'ai acheté ....
Le nom du bateau ....
Le Capitaine s'appelle ....

J'ai pris:
    le car .... ☐   le train .... ☐   l'autobus .... ☐
    le tunnel .... ☐   l'avion .... ☐   le bateau ..... ☐

Je suis parti(e) de France de .... (aéroport/port)
Je suis arrivé(e) au Royaume-Uni à .... (aéroport/port)

En route j'ai vu:- ....
....
....
....
....
....
....
....
....
....
....
....
....
....
....
....

La famille française   *Mon Echange Scolaire*

LA FAMILLE FRANÇAISE
Livret de Famille

Perhaps you may like to ask members of your French family to give their autographs on this page. (Voulez-vous signer, s'il vous plaît)

Les parents:

Les enfants:

Les grands-parents:

Les amis:

Les noms des animaux:

Mon Echange Scolaire   *La maison de ma famille française*

LA MAISON OU L'APPARTEMENT DE MA FAMILLE FRANÇAISE

La maison est   grande ☐   ancienne ☐   en pierre ☐   en béton ☐
                    petite ☐   moderne ☐   en brique ☐

L'appartement est   grand ☐   ancien ☐   en pierre ☐   en béton ☐
                    petit ☐   moderne ☐   en brique ☐

Le jardin: Il y a un grand jardin ☐   Il y a un petit jardin ☐

Dans le jardin il y a ....
....
....

                    Il n'y a pas de jardin ☐

Photo/Dessin
Photo/Drawing

La maison de ma famille française Mon Echange Scolaire

LE PLAN DE LA MAISON/DE L'APPARTEMENT

LA CHAMBRE

La chambre où je dors est:-　　grande ☐ petite ☐
Dans la chambre il y a:- ....
....
....
....
De la fenêtre je vois:- ....
....
....

Le plan de la chambre

LES REPAS FRANÇAIS

Aujourd'hui j'ai mangé:-

Date	le petit déjeuner	le déjeuner	le dîner

MON JOURNAL

1 er jour

.... le .... 20 ......
(jour de la semaine)   (date)   (mois)

Aujourd'hui j'ai vu:-..

Je suis allé(e) à:-..

J'ai acheté:-...

J'ai fait:-..

J'ai joué:-...

---

2 ème jour

.... le .... 20 ......
(jour de la semaine)   (date)   (mois)

Aujourd'hui j'ai vu:-..

Je suis allé(e) à:-..

J'ai acheté:-...

J'ai fait:-..

J'ai joué:-...

Mon journal *Mon Echange Scolaire*

3 ème jour

.... le................................ .... 20.....
(jour de la semaine)   (date)   (mois)

Aujourd'hui j'ai vu:- ....

....

Je suis allé(e) à:- ....

....

J'ai acheté:- ....

....

J'ai fait:- ....

....

J'ai joué:- ....

....

....

4 ème jour

.... le................................ .... 20.....
(jour de la semaine)   (date)   (mois)

Aujourd'hui j'ai vu:- ....

....

Je suis allé(e) à:- ....

....

J'ai acheté:- ....

....

J'ai fait:- ....

....

J'ai joué:- ....

....

....

Mon Echange Scolaire   *Mon journal*

5 ème jour

.... le .... 20 ......
(jour de la semaine)   (date)   (mois)

Aujourd'hui j'ai vu:- ....
....
....

Je suis allé(e) à:- ....
....
....

J'ai acheté:- ....
....
....

J'ai fait:- ....
....
....

J'ai joué:- ....
....
....

---

6 ème jour

.... le .... 20 ......
(jour de la semaine)   (date)   (mois)

Aujourd'hui j'ai vu:- ....
....
....

Je suis allé(e) à:- ....
....
....

J'ai acheté:- ....
....
....

J'ai fait:- ....
....
....

J'ai joué:- ....
....
....

7 ème jour

.... le............................ .... 20.....
(jour de la semaine)   (date)   (mois)

Aujourd'hui j'ai vu:-..
....

Je suis allé(e) à:-..
....

J'ai acheté:-..
....

J'ai fait:-..
....

J'ai joué:-..
....
....

8 ème jour

.... le............................ .... 20.....
(jour de la semaine)   (date)   (mois)

Aujourd'hui j'ai vu:-..
....

Je suis allé(e) à:-..
....

J'ai acheté:-..
....

J'ai fait:-..
....

J'ai joué:-..
....

9 ème jour

.... le .... 20 ......
(jour de la semaine)　(date)　　　　　(mois)

Aujourd'hui j'ai vu:-..
....
....

Je suis allé(e) à:-..
....
....

J'ai acheté:-...
....
....

J'ai fait:-..
....
....

J'ai joué:-..
....
....

---

10 ème jour

.... le .... 20 ......
(jour de la semaine)　(date)　　　　　(mois)

Aujourd'hui j'ai vu:-..
....
....

Je suis allé(e) à:-..
....
....

J'ai acheté:-...
....
....

J'ai fait:-..
....
....

J'ai joué:-..
....
....

D'AUTRES ACTIVITES

1. Recopie 3 titres que tu as vus dans les journaux:
   Copy down 3 newspaper headlines you have seen:

   ....
   ....
   ....
   ....

2. Cite les programmes de télé, les DVDs, les films que tu as regardés:
   Name any TV programmes, DVDs, films you have watched:

   ....
   ....
   ....
   ....
   ....
   ....
   ....
   ....

3. Cite le genre de musique française que ton/ta partenaire aime écouter:
   Name any French music your exchange partner likes and listens to:

   ....
   ....
   ....
   ....
   ....

4. Quelles équipes, s'il y en a, ta famille française soutient-elle?
   Which teams, if any, does your French family support?

   ....
   ....
   ....
   ....
   ....

Mon Echange Scolaire   *D'autres activités*

5.   Note les nouveaux mots et phrases que tu as appris dans ta famille française et la traduction anglaise:
Write down any new phrases and words you have learnt from your French family and the English translations:

....
....
....
....
....
....
....
....
....
....
....
....
....

6.   Copie la recette préférée utilisée par ta famille française:
Copy out a favourite recipe used in your French family:

....
....
....
....
....
....
....
....
....
....
....
....
....
....
....
....
....
....

D'autres activités   *Mon Echange Scolaire*

7. Note 5 articles que tu as vus dans les magasins/supermarchés locaux que tu ne pourrais pas acheter au Royaume-Uni:
Write down 5 things you have seen in local shops/supermarkets which you could not buy in the UK:

....
....
....
....
....

8. Note 5 marques d'articles que tu connais au Royaume-Uni et que tu as vus aussi dans un supermarché français:
Write down 5 brand names of goods which you know in the UK and which you have also seen in a French supermarket:

....
....
....
....
....

9. Ecris le nom de 3 chaînes de supermarchés:
Write the names of 3 French supermarket chains:

....
....
....

10. "Athlete's Foot" est le nom d'une chaîne de magasins qui vend des chaussures de sport. As-tu vu d'autres noms de magasins bizarres ou drôles? Si oui, écris-les ici:
"Athlete's Foot" is the name of a chain of shops selling sports footwear. Have you seen any other unusual or amusing shop names? If so, write them here:

....
....
....
....
....
....

Mon Echange Scolaire   *D'autres activités*

11. Colle sur cette page les tickets, les billets, les étiquettes, les emballages vides de sucre, de bonbons, les timbres etc que tu as pu obtenir:
Stick on this page any tickets, labels, empty sugar or sweet wrappings, stamps etc you have acquired:

12. Reproduis les pièces d'euro en frottant avec un crayon tendre:
Use a soft pencil to make rubbings of some euro coins on this page:

CHOSES A DECOUVRIR

1. Qui est Marianne?
   Who is Marianne?

   ....

2. Quelles sont les couleurs du drapeau français? Dessines-en un et colorie-le:
   What are the colours of the French flag? Draw one and colour it:

   ....
   ....
   ....

3. Qui est Astérix? Cite quelques-uns de ses amis:
   Who is Astérix? Name some of his friends:

   ....
   ....
   ....

4. Cite les noms de personnages populaires de dessins animés:
   Name other popular cartoon characters:

   ....
   ....
   ....

5. Où parle-t-on français en dehors de la France?
   Where is French spoken, apart from in France?

   ....
   ....
   ....

Mon Echange Scolaire   *Choses à decouvrir*

6. Quelle est la population de la France?
   What is the population of France?

   ....

7. Cite:
   Name:
   a) un acteur français connu dans le monde entier/
   une actrice française connue dans le monde entier
   a world famous French actor/actress

   ....

   b) un chanteur français connu dans le monde entier/
   une chanteuse française connue dans le monde entier
   a world famous French singer

   ....

8. Cite 3 rivières françaises:
   Name three French rivers:

   ....
   ....
   ....

9. Fais une étude sur 50 voitures et note les 3 marques les plus courantes:
   Make a survey of 50 cars and write down the names of the 3 most common makes:

   ....
   ....
   ....
   ....

10. Note 5 faits historiques ou géographiques sur la région où tu es resté(e):
    Write down 5 historical or geographical facts about where you have been staying:

    ....
    ....
    ....
    ....
    ....

SURVIVAL IN THE LANGUAGE

POLITE NOISES

Good morning, Good afternoon	Bonjour, Monsieur/Madame/Mademoiselle
Good evening	Bonsoir, Monsieur/Madame/Mademoiselle
Hello	Salut
Please	S'il vous plaît
Thank you	Merci
Not at all	De rien/Il n'y a pas de quoi
You are very kind	Vous êtes très aimable
Excuse me	Pardon/Excusez-moi
I would like	Je voudrais ...
May I ...?	Puis-je ...?
I'm sorry, but	Je regrette, mais ...
Don't mention it!	Je vous en prie/Il n'y a pas de quoi
I've had a lovely time	Je me suis bien amusé(e)
Good-bye	Au revoir
See you soon/See you tomorrow	A bientôt/A demain

AGREEING AND SYMPATHISING

Yes, of course	Oui, bien sûr
What a shame!	Quel dommage!
It doesn't matter	Ça ne fait rien
I don't mind	Cela m'est égal
I suppose so	Probablement/Je suppose que oui
With pleasure	Volontiers/Avec plaisir
Yes, I'd like to	Oui, je veux bien
Good idea!	Bonne idée!
Really?	Vraiment?
That's nice!	C'est gentil!
O.K.	O.K.
Agreed	D'accord
Congratulations!	Félicitations!
I'm sorry but it can't be helped	Excuse-moi, mais je n'y peux rien
Too bad	Tant pis

QUESTIONS

Why?	Pourquoi?
When?	Quand?/A quelle heure?
Where?	Où?
What?	Qu'est-ce qui?/Qu'est-ce que?
Who?	Qui?
How much/how many?	Combien (de)?
How?	Comment?
What is ... like?	Comment est ...?
Is there/are there?	Y a-t-il?

HELPING SOMEONE ELSE

What is the matter?	Qu'est-ce qu'il y a?/Qu'est-ce qui ne va pas?
Have you/Is there a problem?	Avez-vous/Y a-t-il un problème?
Would you like me to help you?	Voulez-vous que je vous aide?
May I help you?	Puis-je vous aider?

OPINIONS

I don't know	Je ne sais pas
That depends	Ça dépend
Perhaps	Peut-être
I think so	Je crois que oui
I don't think so	Je ne crois pas
It's not serious	Ce n'est pas grave

MISCELLANEOUS

Here is/are	Voici
There is/are	Voilà
There is/are	Il y a
I would like	Je voudrais
I must	Je dois
May I ...?	Est-ce que je peux ...?
Do I have to ...?	Dois-je ...?
I like	J'aime

IF YOU HAVE DIFFICULTIES

I'm sorry, I don't understand	Je regrette, je ne comprends pas
Would you repeat that, please?	Voulez-vous répéter cela, s'il vous plaît?
What does that mean?	Qu'est-ce que cela veut dire?
What is that called in French?	Cela s'appelle comment, en français?
How do you say that in French, please?	Comment dit-on cela en français, s'il vous plaît?
Speak more slowly, please.	Parlez plus lentement, s'il vous plaît
I've forgotten the word for ...	J'ai oublié le mot pour ...
How do you pronounce that?	Cela se prononce comment?
Would you write that for me, please?	Voulez-vous m'écrire cela, s'il vous plaît?
Can you explain that, please?	Pouvez-vous expliquer cela, s'il vous plaît?
Can you help me, please?	Pouvez-vous m'aider, s'il vous plaît?

DESCRIBING THINGS AND PEOPLE

It's a sort of ...	C'est une sorte de ...
It's a bit like ...	C'est un peu comme ...
It's bigger/smaller than ...	C'est plus grand/petit que ...
It's as big/small as ...	C'est aussi grand/petit que ...
What does he/she look like?	Comment est-il/elle?
What does he/she look like?	De quoi a-t-il/elle l'air?
He/She looks older.	Il/Elle paraît plus âgé(e)
He seems nice.	Il a l'air sympa
She seems unhappy.	Elle semble malheureuse

Survival in the language   *Mon Echange Scolaire*

PHRASES FOR SPECIAL OCCASIONS

Good Luck! ....Bonne chance!
Have a nice day! ....Bonne journée!
Enjoy your meal! ....Bon appétit!
Happy Birthday! ....Bon anniversaire!
Happy New Year! ....Bonne Année!
Happy Easter! ....Joyeuses Pâques!
Happy Christmas! ....Joyeux Noël!
Safe journey home! ....Bon retour!
Have a good holiday! ....Bonnes vacances!
Have a good weekend! ....Bon week-end!
Cheers! ....A votre santé!/A la vôtre!
Great! ....Génial/Chouette!

WARNINGS

Help! ....Au secours!
Beware of the dog! ....Chien méchant!
Mind the step! ....Attention à la marche!
Wet paint! ....Peinture fraîche!
Take care! ....Prenez garde!
Be careful! ....Fais/Faites attention!
Fire! ....Au feu!
Cheer up! ....Du courage!

OPINIONS

It's unbelievable ....C'est incroyable
It's complicated ....C'est compliqué
It's easy ....C'est facile
It's hard/difficult ....C'est difficile

J'ai appris aussi:

I also learnt:

STAYING IN A FAMILY

ARRIVING

How are you?	Comment ça va?/Comment allez-vous?
I'm very well, thank you	Ça va très bien, merci
Have you had a good journey?	As-tu fait un bon voyage?
The journey was very long	Le voyage était très long
The crossing was bad/good	La traversée était mauvaise/bonne
I was sea-sick	J'ai eu le mal de mer
I am tired	Je suis fatigué(e)

Would you like something to eat/drink?	Veux-tu quelque chose à manger/à boire?
No, thank you, I'm not hungry/thirsty	Non, merci, je n'ai pas faim/soif

Do you need anything?	As-tu besoin de quelque chose?
I would like a bath/a shower	Je voudrais prendre un bain/une douche
The bathroom is on the first floor	La salle de bains est au premier étage
I have forgotten my toothbrush/toothpaste	J'ai oublié ma brosse à dents/mon dentifrice
Here is your room/the bathroom	Voici ta chambre/la salle de bains
You can put your things in this wardrobe	Tu peux ranger tes affaires dans l'armoire

Did you sleep well?	Tu as bien dormi?
I slept very well thank you	J'ai très bien dormi, merci

What do you usually have for breakfast?	Qu'est-ce que tu prends au petit déjeuner?
Is there anything you don't like to eat?	Y a-t-il quelque chose que tu n'aimes pas?

IN THE HOME

Make yourself at home	Fais comme chez toi
Would you like to listen to CDs/the radio?	Veux-tu écouter des CDs/la radio?
Would you like to watch TV/a DVD?	Veux-tu regarder la télévision/un DVD?
Would you like to borrow my MP3 player?	Veux-tu emprunter mon lecteur MP3?
Would you like to go out this evening?	Veux-tu sortir ce soir?
What is there to see in Nantes?	Qu'est-ce qu'il y a à voir à Nantes?
What is there to do in Rennes?	Qu'est-ce qu'on peut faire à Rennes?

May I help you?	Puis-je t'aider?
May I give you a hand?	Puis-je te donner un coup de main?
Shall we set/clear the table?	Si on mettait/débarrassait la table?
Will you close the window please?	Veux-tu fermer la fenêtre, s'il te plaît?
What is there to be done?	Qu'est-ce qu'il y a à faire?
I have to tidy my room	Je dois ranger ma chambre/Je dois mettre de l'ordre dans ma chambre
I am going to do my homework	Je vais faire mes devoirs

I like/don't like ...	J'aime/Je n'aime pas ...
I like playing ...	J'aime jouer ...
I prefer playing ...	Je préfère jouer ...

Staying in a family — *Mon Echange Scolaire*

GOODBYE

See you soon/See you sometime	A bientôt/A un de ces jours
See you next year	A l'année prochaine
Have a good journey home.	Bon retour
Thank you for everything	Merci pour tout
I've had a wonderful holiday	J'ai passé des vacances merveilleuses
You have been so kind	Vous avez/Tu as été si gentil(le)
I'll come with you to the station	Je t'accompagnerai à la gare
You'll phone us when you get home, won't you?	Tu nous téléphoneras quand tu seras arrivé(e) chez toi, n'est-ce pas?
Have you forgotten anything?	Tu n'as rien oublié?
Have you got everything?	Tu as tout ce qu'il faut?
Say thank you to your parents for me, please.	Remercie tes parents de ma part s'il te plaît
Will you be able to come back next year?	Tu pourras revenir l'année prochaine?
I'd love to come and see you again.	J'aimerais bien revenir vous/te voir
Write soon!	Ecrivez bientôt/Ecris bientôt

Here are some sentences which you can use to write a letter of thanks:

Malvern, le 27 avril 20…

Cher …, Chère …,

Je vous remercie de votre accueil chaleureux
Thank you for your warm welcome

Je vous remercie pour tout ce que vous avez fait pour moi
Thank you for all you have done for me

Le séjour a été très agréable
I had an enjoyable visit

Je garderai un très bon souvenir de ma visite à …
I shall have very happy memories of my visit to …

J'espère recevoir bientôt de vos nouvelles
I hope to hear from you soon

Amitiés
Best Wishes

YOURSELF, YOUR LIKES AND DISLIKES

HELLO

May I introduce ...?	Puis-je vous présenter ...?
How do you do?	Enchanté(e)
What is your name?	Comment t'appelles-tu?
My name is ...	Je m'appelle ...

Where do you come from?	D'où êtes-vous?
I am English/British	Je suis anglais(e)/britannique
I am Scottish/Welsh/Irish	Je suis écossais(e)/gallois(e)/irlandais(e)
Where do you live?	Où habites-tu?
I live in Malvern	J'habite Malvern
What is your address?	Quelle est ton adresse?
What is your phone number?	Quel est ton numéro de téléphone?

Have you any brothers or sisters?	As-tu des frères ou des sœurs?
I have one brother/sister	J'ai un frère/une sœur
This is my brother/sister	Voici mon frère/ma sœur
He/She is older/younger than I am.	Il/Elle est plus âgé(e)/jeune que moi
His/Her name is Chris	Il/Elle s'appelle Chris
He/She is twelve years old.	Il/Elle a douze ans
What does your father/mother do?	Que fait ton père/ta mère dans la vie?
He is a civil servant.	Il est fonctionnaire.
She is a teacher.	Elle est professeur
When is your birthday?	C'est quand, ton anniversaire?
My birthday is on November 30th	Mon anniversaire est le trente novembre
In which year were you born?	En quelle année es-tu né(e)?
I was born in 1994	Je suis né(e) en mille neuf cent quatre-vingt-quatorze
How old are you?	Quel âge as-tu?
I am 14	J'ai quatorze ans

Is this your first visit to France?	C'est ta première visite en France?
Have you ever been abroad before?	Es-tu déjà allé(e) à l'étranger?
I went on a school visit/exchange last year.	J'ai fait une visite scolaire/un échange l'année dernière
I went to Spain with my parents last Easter	Je suis allé(e) en Espagne avec mes parents à Pâques

Do you like animals?	Aimes-tu les animaux?
Yes, I like animals	Oui, j'aime les animaux
Have you any pets?	As-tu des animaux à la maison?
I have a cat/a dog/a rabbit/guinea pig	J'ai un chat/un chien/un lapin/un cobaye
Do you prefer dogs or cats?	Préfères-tu les chiens ou les chats?
I prefer cats/dogs	Je préfère les chats/les chiens

Yourself, your likes and dislikes *Mon Echange Scolaire*

FREE TIME AND HOBBIES

What do you do when you have some ....Que fais-tu quand tu as du temps libre?
   free time?
I go out with my friends...............................Je sors avec mes amis
What do you do at weekends ....Que fais-tu le week-end?
I play football/watch T.V. ....Je joue au football/Je regarde la télévision
Where do you go with your friends at............Où vas-tu avec tes amis le week-end?
   weekends?
I go to the cinema/disco/the youth club ....Je vais au cinéma/à la discothèque/
                                à la maison des jeunes

Do you like sport?..Aimes-tu le sport?
Yes, I like sport very much ....Oui, j'aime beaucoup le sport
Which is your favourite sport?.......................Quel est ton sport favori?
I like tennis/rugby. ....J'aime le tennis/le rugby
Where/When do you play?.............................Où/Quand joues-tu?
I play at the club on Saturday afternoon.........Je joue le samedi après-midi au club
Are you a member of a club?.........................Est-ce que tu es membre d'un club?
Yes, I belong to a tennis club.........................Oui, je suis membre d'un club de tennis

Are you interested in music?..........................Est-ce que tu t'intéresses à la musique?
Yes, I am very interested in music ....Oui, je m'intéresse beaucoup à la musique
What type of music do you like? ....Quel genre de musique préfères-tu?
I prefer classical music..................................Je préfère la musique classique
Have you a favourite group/singer? ....As-tu un groupe/chanteur préféré/
                                une chanteuse préférée?
No, I haven't a favourite group/singer ....Non, je n'ai pas de groupe/chanteur
                                préféré/chanteuse préférée

Do you play an instrument? ....Joues-tu d'un instrument?
Yes, I play the violin/the clarinet ....Oui, je joue du violon/de la clarinette
How long have you been playing the clarinet? ....Depuis quand joues-tu de la clarinette?
I have been playing the clarinet for 4 years....Je joue de la clarinette depuis quatre ans

Do you watch much TV at the weekend? ......Est-ce que tu regardes beaucoup de
                                télévision le week-end?
No, I don't watch TV very often....................Non, je ne regarde pas souvent la télévision
Which type of programme do you like/ ....Quel genre d'émission aimes-tu/n'aimes-tu pas?
   not like?
I like documentaries/cartoons ....J'aime les documentaires/les dessins animés
I don't like the news......................................Je n'aime pas les informations/les infos

Do you like going to the cinema? ....Aimes-tu aller au cinéma?
Yes I like going to the cinema sometimes .....Oui, j'aime aller au cinéma de temps en temps
How often do you go to the cinema? ....Combien de fois vas-tu au cinéma?
Two or three times a year..............................Deux ou trois fois par an
Which type of film do you like best?.............Quel genre de film préfères-tu?
I like science fiction ....J'aime les films de science fiction

Mon Echange Scolaire   *Yourself, your likes and dislikes*

Do you like reading?......................................Aimes-tu la lecture?
Yes I like reading ....Oui, j'aime bien lire
What type of books do you like? ....Quel genre de livre aimes-tu?
I like detective stories ....J'aime les romans policiers

Have you got a computer? ....Est-ce que tu as un ordinateur?
Yes, I have a computer at home.....................Oui, j'ai un ordinateur à la maison
Have you got any computer games? ....As-tu des jeux électroniques?
Yes, I have a lot of computer games...............Oui, j'ai beaucoup de jeux électroniques

Are you interested in fashion? ....La mode, ça t'intéresse?
Yes, I am very interested in fashion...............Oui, ça m'intéresse beaucoup
No, but I am interested in music/sport ....Non, mais la musique/le sport m'intéresse

Do you like window shopping? ....Aimes-tu faire du lèche-vitrines?
Yes, I like window shopping with my ....Oui, j'aime faire du lèche-vitrines
   friends at the weekend   avec mes ami(e)s le week-end
Which shops do you like looking round? ....Dans quels magasins aimes-tu aller
                                                            regarder?
I like looking around book shops..................J'aime les librairies

Your exchange partner's hobbies, likes and dislikes:

Quels sont les passe-temps de ton/ta partenaire, ce qu'il/elle aime et n'aime pas:

YOUR HOME

Where do you live?	Où habites-tu?
I live in Malvern	J'habite Malvern
How long have you lived there?	Depuis quand y habites-tu?
I have lived there for thirteen years	J'y habite depuis treize ans
Do you live near school?	Est-ce que tu habites près du collège?
I live two km. from school	J'habite à deux kilomètres du collège
Is your house old or modern?	Est-ce que ta maison est ancienne ou moderne?
My house is (quite) old/modern	Ma maison est (assez) ancienne/moderne
Do you have a garden?	As-tu un jardin?
Yes, I have a big garden	Oui, j'ai un grand jardin
Have you got your own bedroom?	Est-ce que tu as une chambre à toi?
Yes, I have got my own room	Oui, j'ai ma chambre à moi
No, I share with my brother/sister	Non, je partage avec mon frère/ma soeur
What furniture do you have in your bedroom?	Qu'est-ce que tu as comme meubles dans ta chambre?
There are two beds, a wardrobe, a table with a computer/a television and two chairs in the bedroom	Il y a deux lits, une armoire, une table avec un ordinateur/un téléviseur et deux chaises dans ma chambre

YOUR HOME TOWN

Where is Malvern?	Où se trouve/Où est Malvern?
Malvern is in Worcestershire	Malvern est dans le Worcestershire
It is in the centre of England	C'est au centre de l'Angleterre
How many inhabitants are there?	Combien d'habitants y a-t-il ?
There are about 36,000 inhabitants	Il y a environ trente-six mille habitants
What is there to see in Malvern?	Qu'est-ce qu'il y a à voir à Malvern?
There are the hills, a museum and a park	Il y a les collines, un musée et un parc
Malvern is a Victorian spa-town	Malvern est une ville d'eau victorienne
What is there to do in Malvern?	Qu'est-ce qu'il y a à faire à Malvern?
One can go to the theatre/cinema/ swimming pool/walk on the hills	On peut aller au théâtre/ au cinéma/ à la piscine/faire une randonnée sur les collines
Is Malvern an industrial town?	Est-ce que Malvern est une ville industrielle?
Malvern is a town where many tourists come	Malvern est une ville touristique
What industries are there in the town?	Quelles industries y a-t-il dans la ville?
There are some light industries and a sports car factory	Il y a des industries légères et une usine où on fabrique des voitures de sport
What sports facilities are there?	Quels équipements sportifs y a-t-il?
There is a swimming pool, a tennis club, and a football club	Il y a une piscine, un club de tennis et un club de football
Are there any interesting places to see around Malvern?	Est-ce qu'il y a des lieux d'intérêt près de Malvern?
There are the hills and the city of Worcester and its cathedral	Il y a les collines et la ville de Worcester avec sa cathédrale

Mon Echange Scolaire   *School and daily routine*

SCHOOL AND DAILY ROUTINE

How many pupils are there in your school/ in your class?	Combien d'élèves y a-t-il dans ton collège/ dans ta classe?
There are 1400 pupils in the school	Il y a quatorze cents élèves au collège
There are 27 pupils in my class	Il y a vingt-sept élèves dans ma classe
Describe your school uniform	Décris ton uniforme scolaire
I wear a navy blue skirt/ a white blouse/a blue tie/ a white shirt/grey trousers	Je porte une jupe bleu marine/ un chemisier blanc/une cravate bleue/ une chemise blanche/un pantalon gris
Do you like your uniform?	Aimes-tu ton uniforme scolaire?
No, I do not like my school uniform	Non, je déteste l'uniforme scolaire
Yes, I like my uniform	Oui, j'aime l'uniforme scolaire
Which subjects do you do?	Quelles matières étudies-tu?
I do English, Maths, French, Science, Art, Information Technology, History, Geography and Technology	J'étudie l'anglais, les maths, le français, les sciences, le dessin, l'informatique, l'histoire, la géographie et la technologie
Which is your favourite subject?	Quelle est ta matière préférée?
My favourite subject is French	Ma matière préférée est le français
Which subject don't you like?	Quelle matière n'aimes-tu pas?
I don't like English	Je n'aime pas l'anglais
Which are your good subjects?	En quelle matière es-tu fort(e)?
I am good at Maths	Je suis fort(e) en maths
Which is your worst subject?	En quelle matière es-tu faible?
I'm very bad at History	Je suis nul(le) en histoire
Are you in a school team?	Fais-tu partie d'une équipe de sport au collège?
I play in the school hockey/rugby team	Je fais partie de l'équipe de hockey/rugby au collège
Are you in the school orchestra/choir/ band?	Fais-tu partie de l'orchestre/de la chorale/ de la fanfare au collège?
I am in the choir	Je chante dans la chorale

DAILY ROUTINE

What time do you get up?	A quelle heure te lèves-tu?
I get up at 7.00	Je me lève à sept heures
What time do you leave home?	A quelle heure quittes-tu la maison?
I leave home at 8.30	Je quitte la maison à huit heures et demie
How do you get to school?	Comment vas-tu au collège?
I go by bus/car/bike	J'y vais en autobus/en voiture/à vélo
I walk	J'y vais à pied
What time do you arrive at school?	A quelle heure arrives-tu au collège?
I arrive at school at 8.45	J'arrive au collège à neuf heures moins le quart
When do lessons start?	Les cours commencent à quelle heure?
Lessons start at 9.00	Les cours commencent à neuf heures

School and daily routine — Mon Echange Scolaire

How many lessons do you have each day? ....Tu as combien de cours par jour?
We have six lessons a day..............................Nous avons six cours par jour
How long do lessons last?............................Tes cours durent combien de temps?
Our lessons last 50 minutes..........................Nos cours durent cinquante minutes
What do you do during break?......................Que fais-tu pendant la récréation?
I talk to my friends...Je discute avec mes amis/amies
When is your lunch time?.............................A quelle heure est le déjeuner?
Lunch time is at 12.30..................................Le déjeuner est à midi et demi
When does school end?................................L'école finit à quelle heure?
School ends at 3.40......................................L'école finit à quatre heures moins vingt

What time do you get home?........................A quelle heure arrives-tu à la maison?
I get home at 4.10..J'arrive chez moi à quatre heures dix
What do you do in the evening?....................Que fais-tu le soir?
I do my homework and listen to music..........Le soir je fais mes devoirs et
   in the evening   j'écoute de la musique
What time do you go to bed?........................A quelle heure te couches-tu?
I go to bed at 10.00......................................Je me couche à dix heures

What do you usually have for ....Qu'est-ce que tu prends d'habitude au petit
   breakfast?   déjeuner?
I usually have toast and cereal......................Normalement, je prends un toast/du
                                                                             pain grillé et des céréales
Do you eat in the canteen at midday? ....Manges-tu à la cantine à midi?
Yes, I eat in the canteen at midday...............Oui, je mange à la cantine à midi
What do you eat at lunch time?.....................Qu'est-ce que tu manges à midi?
I have sandwiches at midday........................Je mange des sandwiches à midi
What do you eat in the evening?...................Qu'est-ce que tu manges le soir?
In the evening I have soup, meat,.................Le soir je prends du potage, de la viande,
   vegetables and ice cream   des légumes et une glace
What is your favourite food? ....Quel est ton plat préféré?
My favourite food is ... .Mon plat préféré est ...
Is there anything you don't like?....................Est-ce qu'il y a quelque chose que tu
                                                                             n'aimes pas manger?
I don't like carrots...Je n'aime pas les carottes

Notes on the daily routine of your French family:

Ecris des notes sur la routine journalière de ta famille française:

OUTINGS AND VISITS

MAKING ARRANGEMENTS

Shall we go out this evening?	Si on sortait ce soir?/On sort ce soir?
Where would you like to go?	Où veux-tu aller?
What time shall we meet?	On se retrouve à quelle heure?
I'll see you at 8 pm	Je te verrai à huit heures du soir
Where shall we meet?	Où est-ce qu'on se retrouve?
I'll see you outside the restaurant	On se retrouve devant le restaurant

AT THE CINEMA

How about going to the cinema?	Si on allait au cinéma?
What's on?	Qu'est-ce qu'on joue/passe?
I've already seen it	Je l'ai déjà vu
I'd like to see a comedy/horror movie	Je voudrais voir un film comique/un film d'épouvante
Is it the original soundtrack?	C'est en version originale?
No, it's dubbed	Non, c'est doublé
Yes, but there are sub-titles	Oui, mais il y a des sous-titres
What time does the last performance start?	La dernière séance commence à quelle heure?
How long does it last?	Ça dure combien de temps?
What time does the film end?	Le film finit à quelle heure?

DISCUSSING THE SHOW

What did you think of the film/play?	Comment as-tu trouvé le film/la pièce?
Have you seen Depardieu's latest film?	As-tu vu le dernier film de Depardieu?
The film was marvellous/interesting	Le film était merveilleux/intéressant
In my opinion it was too long/serious	A mon avis c'était trop long/sérieux
The concert was boring/awful	Le concert était ennuyeux/affreux
Who is your favourite singer/actor?	Qui est ton chanteur/ton acteur favori?
My favourite singer/actor is …	Mon chanteur/Mon acteur favori est …
Who is your favourite singer/actress?	Qui est ta chanteuse/ton actrice favorite?
My favourite singer/actress is …	Ma chanteuse/Mon actrice favorite est …

GOING TO A PARTY

Paul's having a party next week	Il y aura une boum chez Paul la semaine prochaine
Will you come with me to the party on Friday evening?	Veux-tu venir avec moi à la boum vendredi soir?
Yes, I'd love to	Avec le plus grand plaisir
I must ask my penfriend	Il faut que je demande à mon correspondant/ma correspondante
Sorry, I'm not free	Désolé(e), mais je ne suis pas libre/ Je suis pris(e)
Sorry, I'm going with Michel/Michelle	Désolé(e), mais j'y vais avec Michel/Michelle

Outings and visits *Mon Echange Scolaire*

GOING TO A DISCO

Are you going to the disco this evening?.......Tu vas en boîte/à la discothèque ce soir?
I'll buy the tickets..Je payerai l'entrée
Where can one buy tickets? ....Où peut-on obtenir des billets?

SUGGESTIONS FOR THE EVENING

What would you like to do this evening?.......Qu'est-ce que tu veux faire ce soir?
Can we go to the disco? ....Est-ce qu'on peut aller dans une discothèque?
Can we hire a DVD? ....Est-ce qu'on peut louer un DVD?
Shall we go to the café? ....Si on allait au café?
I'm paying!..Je t'invite
Yes, I'd love to..Avec le plus grand plaisir
I'm not sure...Je n'en suis pas sûr(e)/Je ne sais pas
I'm sorry, I can't make it..............................Desolé(e), mais je ne peux pas
Perhaps we could go tomorrow?....................On pourrait peut-être y aller demain?

PLAYING/WATCHING A GAME

Shall we play tennis? ....On va jouer au tennis?
I'll meet you at the Sports Centre ....Je te retrouverai au centre sportif
   tomorrow evening   demain soir
We would like to go to a football/ ....Nous voudrions aller voir un match de
   rugby match   football/rugby
Which team do you support? ....Tu es pour quelle équipe?
I support Liverpool.......................................Je suis pour Liverpool
What time does the ice-rink open?................La patinoire ouvre à quelle heure?
Can one hire skates?......................................Est-ce qu'on peut louer des patins?
I'm not at all fit ....Je ne suis vraiment pas en forme
Do you want to go to the swimming pool? ....Veux-tu aller à la piscine?
The swimming pool closes at 10 pm..............La piscine ferme à dix heures du soir
Would you like to go horse-riding? ....Veux-tu faire une promenade à cheval?
I'd prefer to go for a walk in the hills ....J'aimerais mieux faire une randonnée dans
                                                                   les collines

Make notes on any outings or visits:

Ecris des notes sur toutes tes sorties:

SHOPPING AND PHONING

GENERAL SHOPPING

Is there a post-office near here? ....Y a-t-il un bureau de poste près d'ici?
Which is the way to the bank, please? ....Pour aller à la banque, s'il vous plaît?
The market is on the right ....Le marché est à droite

Can I help you? ....Vous désirez?
I'm just looking ....Je regarde seulement
I would like three peaches, please ....Je voudrais trois pêches, s'il vous plaît
Please could you tell me where I can ....Pouvez-vous me dire où je pourrai acheter
    buy some stamps   des timbres, s'il vous plaît?
Have you got any postcards please? ....Avez-vous des cartes postales, s'il vous plaît?
How much is that book, please? ....A quel prix est ce livre, s'il vous plaît?

Have you got any change? ....Avez-vous de la monnaie?
Have you got change for 20 euros? ....Avez-vous la monnaie de vingt euros?
I have only got a 50 euro note ....J'ai seulement un billet de cinquante euros

May I try on the blue pullover? ....Est-ce que je peux essayer le pull bleu?
How much does that jumper cost, please? .....Ce pullover coûte combien, s'il vous plaît?
Have you got it in a different colour? ....Vous l'avez d'une autre couleur?
What is your size? (clothes) ....Quelle est votre taille? Quelle taille faites-vous?
What size do you take? (shoes) ....Quelle est votre pointure?

I would like to buy a black leather bag ....Je voudrais acheter un sac en cuir noir
It's for a present ....C'est pour offrir
Will you gift-wrap it, please ....Voulez-vous en faire un paquet-cadeau, svp
I think there is a mistake ....Je crois qu'il y a une erreur
I have kept the receipt ....J'ai conservé le reçu

AMOUNTS AND QUANTITIES

A kilo of apples ....Un kilo de pommes
Half a kilo of cherries ....Une livre de cerises
A packet/tin/box of biscuits ....Un paquet/Une boîte de biscuits
A slice of ham ....Une tranche de jambon
A piece of cake ....Une tranche/Une part/Un morceau de gâteau
The oranges are 50 cents each ....Les oranges coûtent cinquante cents la pièce

AT THE POST OFFICE

How much is a letter to the UK please? ....C'est combien pour envoyer une lettre au
                                                            Royaume-Uni, s'il vous plaît?
How long will it take? ....Cela mettra combien de temps à arriver?
Letters usually take five days ....Pour les lettres il faut d'habitude cinq jours
I would like to send this parcel to Ireland ......Je voudrais expédier ce colis en Irelande
Six stamps for Great Britain ....Six timbres pour la Grande Bretagne
Where is the letter box? ....Où est la boîte aux lettres?
Over there, next to the phone box ....Là-bas, à côté de la cabine téléphonique
Will you weigh this letter, please? ....Voulez-vous me peser cette lettre, s'il vous plaît?

Shopping and phoning   *Mon Echange Scolaire*

AT THE BANK

Is there a cashpoint here?	Y a-t-il un distributeur de billets ici?
Here is my bank card	Voici ma carte bancaire
Which is the counter for changing money?	Pour changer de l'argent, c'est à quel guichet?
I would like to change some travellers' cheques, please	Je voudrais changer des chèques de voyage, s'il vous plaît
Is there a commission?	Y a-t-il une commission?
What is the exchange rate for the pound?	Quel est le taux de change pour la livre sterling?
Have you any means of identification?	Est-ce que vous avez une pièce d'identité?
May I see your passport?	Puis-je voir votre passeport?
Do I have to sign?	Faut-il signer?
Where do I have to sign?	Où faut-il signer?
Would you sign, please	Voulez vous signer, s'il vous plaît
What is today's date?	Quelle est la date aujourd'hui?
May I borrow a pen, please?	Est-ce que je peux emprunter un stylo, s'il vous plaît?
What time does the bank open, please?	La banque ouvre à quelle heure, s'il vous plaît?
What time does the bank close, please?	La banque ferme à quelle heure, s'il vous plaît?

USING THE PHONE

Hello, Anne speaking	Allô, Anne à l'appareil
This is the Legrand's house	Vous êtes bien chez M. et Mme. Legrand
I am Michel's penfriend	Je suis le correspondant de Michel
I am Michelle's penfriend	Je suis la correspondante de Michelle
Everyone's out	Tout le monde est sorti/Il n'y a personne
It's the first time I've used a phone in France	C'est la première fois que je me sers du téléphone/je téléphone en France
Can I take a message?	Voulez-vous laisser un message?
Say that again, please	Répétez, s'il vous plaît
Do you sell phone cards?	Vendez-vous des cartes téléphoniques?
Can I phone from here?	Est-ce que je peux téléphoner d'ici?
Where are the directories?	Où sont les annuaires?
I need to phone the UK	Je dois téléphoner au Royaume-Uni
What do I have to do, please?	Comment faut-il faire, s'il vous plaît?
I've been cut off	J'ai été coupé(e)
Don't hang up	Ne quittez pas

Remember: **To dial the UK from France:-**

             Dial 00,
             then dial 44,
             then the UK code without the leading 0,
             finally the number you are calling

My phone number from France is   00 44 ....

EATING WITH THE FAMILY

AT HOME

I'd like a drink	Je voudrais boire quelque chose
I'd like something to eat	Je voudrais manger quelque chose
Meal's ready!	A table!
What would you like to drink?	Qu'est-ce que tu veux boire?
Do you like chicken/salad/bananas?	Tu aimes le poulet/la salade/les bananes?
Yes, a lot	Oui, beaucoup
Yes, I'm not fussy	Oui, je ne suis pas difficile
I'm sorry, but I don't like chicken	Non, je regrette, mais je n'aime pas le poulet
Do you want some mayonnaise?	Tu veux de la mayonnaise?
Yes, please	Oui, je veux bien
No, thank you	Non, merci
Just a little, please	Un tout petit peu, s'il vous plaît
Help yourself/Help yourselves!	Sers-toi/Servez-vous!
Pass the salt/water/bread, please	Tu peux me passer le sel/l'eau/le pain, s'il te plaît
More soup?	Encore du potage?
Another piece of cheese?	Encore un morceau de fromage
Thanks, I've had enough	Merci, ça me suffit
It is/was delicious	C'est/C'était délicieux
I'm a vegetarian	Je suis végétarien(ne)
I'm a vegan	Je suis végétalien(ne)
I'm allergic to strawberries	Je ne supporte pas les fraises

IN A CAFE

Could you tell me the way to the Café de la Poste, please?	Pour aller au Café de la Poste, s'il vous plaît?
I've promised to meet my penfriend there	J'ai promis d'y retrouver mon correspondant/ ma correspondante
Let's go for a drink	Allons prendre un verre
I'll buy you a drink	Je te paie un verre
What will you have?	Qu'est-ce que tu prends?
What would you like to drink?	Qu'est-ce que tu veux boire?
I'm paying	C'est moi qui paie
Do you wish to order?	Vous voulez commander quelque chose?
Anything else?	C'est tout?/Et avec ça?
Have you got any crisps, please?	Avez-vous des chips, s'il vous plaît?
Have you got any chips, please?	Avez-vous des pommes frites, s'il vous plaît?
Do you sell sandwiches?	Vendez-vous des sandwiches?
What sort of sandwiches have you got?	Qu'est-ce que vous avez comme sandwiches?
Have you got any cheese sandwiches?	Avez-vous des sandwiches au fromage?
How much is a ham sandwich?	C'est combien, un sandwich au jambon?
How much do I owe you?	Je vous dois combien?
Is the service charge included?	Le service est compris?

FOOD AND DRINK

Here is a list of food and drink. The French is listed first because this is what you will hear in your families.

Les Boissons	Drinks
l'apéritif (m)	aperitif
la bière	beer
la boisson	drink
le café	black coffee
le café crème	white coffee
le champagne	champagne
le chocolat (chaud)	(hot) chocolate
le cidre	cider
le citron pressé	fresh lemon juice
le coca-cola®	coca cola®
l'eau de vie (f)	spirits
l'eau minérale (f)	mineral water
le jus de fruit	fruit juice
l'orange pressée (f)	fresh orange juice
la pression	draught beer
le lait	milk
la limonade	lemonade
le thé	tea
le vin blanc/rouge	white/red wine

Les Hors d'œuvres	Starters
l'assiette anglaise (f)	mixed cold meats
les crudités (f)	chopped raw vegetables
le melon	melon
le pâté	pâté
le potage	soup
le saucisson	salami
la soupe	soup
la terrine	pâté

Les Poissons	Fish
le crabe	crab
la crevette	shrimp
les fruits de mer (m)	seafood, shellfish
l'huître (f)	oyster
le maquereau	mackerel
le cabillaud	cod
les moules	mussels
le poisson	fish
la sardine	sardine
la sole	sole
la truite	trout

La Viande	Meat
l'agneau (m)	lamb
le bifteck	beefsteak
le bœuf	beef
le canard	duck
la côte	rib
l'épaule de mouton (f)	shoulder of mutton
le filet	fillet steak
le gigot	leg of lamb
le jambon	ham
le lapin	rabbit
le mouton	mutton
le porc	pork
le poulet	chicken
le rôti	roast meat
le steak	steak
le veau	veal

Les Légumes	Vegetables
l'ail (m)	garlic
l'artichaut (m)	artichoke
la carotte	carrot
le champignon	mushroom
le chou	cabbage
le chou-fleur	cauliflower
le concombre	cucumber
les épinards (m)	spinach
le haricot (m)	bean
la laitue	lettuce
l'oignon (m)	onion
les petits pois (m)	peas
le poireau	leek
la pomme de terre	potato
la purée	mashed potatoes
le riz	rice
la salade	salad, lettuce
la tomate	tomato

Les Fruits	Fruit
l'abricot (m)	apricot
l'ananas (m)	pineapple
la banane	banana
la cerise	cherry
le citron	lemon
la fraise	strawberry
la framboise	raspberry
le melon	melon
la noix	nut
le pamplemousse	grapefruit
la pêche	peach
la poire	pear
la pomme	apple
la prune	plum
le raisin	grape

Mon Echange Scolaire   *Food and drink*

Les Desserts	**Desserts**
le chocolat	chocolate
le dessert	dessert
le fromage	cheese
le fromage de chèvre	goat's cheese
le gâteau	cake
la glace	ice-cream
la tarte	flan
la vanille	vanilla
le yaourt	yoghurt

Les Repas	**Meals**
le casse-croûte	snack
le déjeuner	lunch
le petit déjeuner	breakfast
le dîner	evening meal
le goûter	"afternoon tea"
le pique-nique	picnic
le repas	meal

Les Condiments	**Condiments**
l'huile (f)	oil
la mayonnaise	mayonnaise
la moutarde	mustard
le poivre	pepper
le sel	salt
le vinaigre	vinegar

D'autres choses à manger	**Other foods**
la baguette	bread stick
le beurre	butter
le biscuit	biscuit
le bonbon	sweet
les chips (m)	crisps
la confiture	jam
la crêpe	pancake
le croissant	croissant
le croque-monsieur	toasted cheese and ham sandwich
les escargots (m)	snails
les frites (f)	chips
le légume	vegetable
l'œuf (m)	egg
l'omelette (f)	omelette
le pain	bread
le plat du jour	dish of the day
la pâtisserie	cake
les provisions (f)	food
la quiche lorraine	egg and cheese flan
le sandwich	sandwich

La Vaisselle Les Couverts	**Crockery and Cutlery**
l'assiette (f)	plate
le bol	bowl
la bouteille	bottle
la cafetière	coffee pot
le couteau	knife
le couvert	place setting
la cuillère	spoon
la fourchette	fork
le garçon	waiter
le pichet	jug
le plateau	tray
la soucoupe	saucer
la théière	teapot
le verre	glass

Des Adjectifs	**Useful adjectives**
appétissant	appetizing
bien	good, well
bien cuit	well cooked
bon	good
chaud	hot
délicieux	delicious
demi	half
doux	mild, sweet
excellent	excellent
froid	cold
malade	ill
mauvais	bad
piquant	hot, spicy
à point	medium (steak)
rôti	roast
saignant	rare (steak)
salé	salty
satisfait	satisfied
seul	alone
sucré	sweet
varié	varied

Wishes and exclamations	
à votre santé!	cheers!
à ta santé!	cheers!
à la vôtre!	cheers!
à la tienne!	cheers!
bon appétit!	enjoy your meal!
bravo!	well done!
félicitations!	congratulations!
ça suffit	that's enough

TRAVEL AND TRANSPORT

FINDING YOUR WAY

How do I get to the cathedral, please? .... Pour aller à la cathédrale, s'il vous plaît?
Where is the station, please? .... Où est la gare, s'il vous plaît?
Is there a hotel near here? .... Y a-t-il un hotel près d'ici?

Turn left at the traffic lights .... Tournez à gauche aux feux
It's on your right after the library .... C'est à droite après la bibliothèque
Go straight on as far as the roundabout .... Continuez tout droit jusqu'au rond-point
Cross the road .... Traversez la rue
Go up/down the road .... Montez/Descendez la rue
Go along the road .... Continuez le long de la rue
Follow this road till you get to the Town Hall ..... Suivez cette rue jusqu'à l'Hôtel de Ville
Take the first/second/third on the right .... Prenez la première/deuxième/troisième à droite

It is a large building near the sea .... C'est un grand bâtiment près de la mer
It's a ten minute walk .... Vous en avez pour dix minutes à pied
You can get there by bus/tram/tube .... On peut prendre l'autobus/le tram/le métro
You'll have to take a taxi .... Il faut prendre un taxi
It's thirty kilometres from here .... C'est à trente kilomètres d'ici

Opposite the bank .... En face de la banque
On the right of the cinema .... A droite du cinéma
To the left of the park .... A gauche du jardin public
Beside the lake .... A côté du lac
Between the chemist's and the supermarket .. Entre la pharmacie et le supermarché
At the end of the corridor .... Au fond du couloir
On the first/second/top floor .... C'est au premier/deuxième/dernier étage
On the ground floor .... Au rez-de-chaussée

AT THE TOURIST OFFICE

I would like a town plan .... Je voudrais un plan de la ville
I would like a map of the area .... Je voudrais une carte de la région
Where is the bus station? .... Où est la gare routière?
May I have a bus timetable, please .... Je voudrais un horaire d'autobus, s'il vous plaît
What should we see in the town? .... Qu'est-ce qu'il faut voir en ville?
Do you do guided tours of the town? .... Y a-t-il des visites guidées de la ville?
Where can I hire a bike? .... Où est-ce que je peux louer un vélo?

Have you got any information about other..... Avez-vous des dépliants sur d'autres
  regions of France?   régions de France?
I like visiting old castles/churches .... J'aime visiter de vieux châteaux/de vieilles églises
I have never been there .... Je n'y suis jamais allé(e)

Mon Echange Scolaire *Problems*

BY PUBLIC TRANSPORT

Where is the bus stop?	Où est l'arrêt d'autobus?
A book of tickets please	Un carnet, s'il vous plaît
Don't forget to stamp your ticket	N'oubliez pas de composter votre billet
How often do the buses run?	Il y a un autobus tous les combien?
I've been waiting 20 minutes already	J'attends déjà depuis vingt minutes
What time is the first/last bus?	A quelle heure part le premier/dernier autobus?
Is this the right bus for the town centre?	C'est bien l'autobus pour le centre-ville?
You get off at the Town Hall	Vous descendez à l'Hôtel de Ville
Are there any seats?	Est-ce qu'il y a des places libres?
This seat is taken	Cette place est occupée
Have I missed the last bus?	Est-ce que j'ai raté le dernier autobus?
Would you like to phone for a taxi?	Voudriez-vous téléphoner pour un taxi?

PROBLEMS

LOSSES

I've lost my passport	J'ai perdu mon passeport
I've lost my camera	J'ai perdu mon appareil-photo
Where have you looked for it?	Où est-ce que tu l'as cherché(e)?
I've looked in my case/ in my room/everywhere	J'ai cherché dans ma valise/ dans ma chambre/partout
Where did you lose your bag?	Où est-ce que tu as perdu ton sac?
I must have left it on the bus	J'ai dû le laisser dans l'autobus
When did you lose your purse?	Quand avez-vous perdu votre porte-monnaie?
Yesterday/last week/this morning	Hier/la semaine dernière/ce matin
I think I put my wallet on the counter in the book shop	Je crois avoir mis mon portefeuille sur le comptoir à la librairie
My rucksack has been stolen	On m'a volé mon sac à dos
You must go to the police station	Tu dois aller au commissariat de police

MINOR DISASTERS

I'm sorry I'm late	Je m'excuse d'arriver en retard
I got lost	Je me suis trompé(e) de chemin
The traffic was heavy	Il y avait beaucoup de circulation
I've lost my contact lens/sunglasses	J'ai perdu ma lentille/mes lunettes de soleil
I've lost my mobile/MP3	J'ai perdu mon portable/mon lecteur MP3
I've broken a plate/glass/cup	J'ai cassé une assiette/un verre/une tasse
I've ripped my pullover	J'ai déchiré mon pullover
He has lost his calculator	Il a perdu sa calculatrice
He has broken the window	Il a cassé la vitre
I've got oil on my skirt	J'ai de l'huile sur ma jupe
Can you clean it for me, please?	Pouvez-vous me la nettoyer, s'il vous plaît?

ILLNESS/AT THE DOCTOR'S

I need to see a doctor, please	Je voudrais voir le médecin, s'il vous plaît
What is the matter?	Qu'est-ce qu'il y a?/Qu'est-ce qui ne va pas?
I don't feel well	Je ne me sens pas bien
I feel ill	Je me sens malade
I have a sore throat	J'ai mal à la gorge
I have a headache	J'ai mal à la tête
I have stomach-ache	J'ai mal au ventre
I've got my period	J'ai mes règles
My head hurts/aches	J'ai mal à la tête
I have hurt my back	Je me suis fait mal au dos
I have trapped my fingers	Je me suis coincé les doigts
I have twisted my ankle	Je me suis foulé la cheville
Can you give me something for the pain?	Pouvez-vous me donner un analgésique?
I'm allergic to ...	J'ai une allergie contre .../Je suis allergique à ...
I've been stung by a bee/wasp	J'ai été piqué(e) par une abeille/une guêpe
I've been stung by a horsefly/mosquito	J'ai été piqué(e) par un taon/un moustique
Here is a prescription for some tablets	Voici une ordonnance pour des comprimés
Take one four times a day, after meals	Prenez un cachet quatre fois par jour après chaque repas
Is this the first time that this has happened to you?	C'est la première fois que ceci t'est arrivé?
I feel dizzy	La tête me tourne
My ankle is swollen	J'ai la cheville enflée
I've been sick	Je viens de vomir

AT THE DENTIST'S

May I have an appointment?	Est-ce que je peux avoir un rendez-vous?
I have toothache	J'ai mal aux dents
I've lost a filling	Mon plombage a sauté
Are you going to give me an injection?	Est-ce que vous allez me faire une piqûre?
You must pay at reception	Vous payez à la réception

AT THE CHEMIST'S

Have you got anything for a cold?	Avez-vous quelque chose contre un rhume?
I need some tissues	J'ai besoin de mouchoirs en papier
Can you recommend an insect repellent cream?	Pouvez-vous me conseiller une crème anti-insecte?
I have a temperature	J'ai de la fièvre
I am suffering from sunburn	J'ai pris un coup de soleil
I would like some plasters	Je voudrais des pansements adhésifs
I would like some cotton wool	Je voudrais du coton hydrophile
I would like a bottle of cough mixture	Je voudrais une bouteille de sirop pour la toux
A large one or a small one?	Une grande ou une petite?
The chemist opens at 9 am	La pharmacie ouvre à neuf heures
No, it is not serious	Non, ce n'est pas grave

LE MONDE A VISITER

I	S	L	A	N	D	E	P	U	A	C	O	R	A	M
T	U	R	Q	U	I	E	A	E	E	D	E	U	S	A
A	F	R	I	Q	U	E	Y	I	G	A	R	P	E	L
L	E	S	J	S	U	I	S	S	E	N	E	S	L	T
I	R	L	A	N	D	E	B	I	T	E	I	T	L	E
E	U	R	P	T	S	C	A	N	A	M	L	E	A	L
D	N	M	O	P	R	O	S	U	T	A	A	P	G	L
F	R	A	N	C	E	S	F	T	S	R	R	O	E	E
C	B	A	S	O	V	S	S	E	U	K	T	R	D	E
E	S	P	A	G	N	E	R	A	N	C	S	U	S	R
C	A	T	A	L	B	E	L	G	I	Q	U	E	Y	R
A	L	A	G	U	T	R	O	P	S	P	A	Q	A	E
N	O	R	V	E	G	E	E	N	G	O	L	O	P	T
A	C	H	U	R	N	A	T	S	I	K	A	P	J	E
D	Y	H	A	L	L	E	M	A	G	N	E	F	C	L
A	N	S	I	E	D	M	C	H	Y	P	R	E	R	G
M	I	L	L	N	B	E	I	S	S	U	R	D	O	N
E	U	Q	I	T	E	E	R	O	C	G	I	T	N	A

AFRIQUE	DANEMARK	ITALIE	RUSSIE
ALLEMAGNE	ECOSSE	JAPON	SUEDE
ANGLETERRE	ESPAGNE	MALTE	SUISSE
ASIE	ETATS-UNIS	MAROC	TUNISIE
AUSTRALIE	EUROPE	NORVEGE	TURQUIE
BELGIQUE	FRANCE	PAKISTAN	
CANADA	GRECE	PAYS-BAS	
CHINE	INDE	PAYS DE GALLES	
CHYPRE	IRLANDE	POLOGNE	
COREE	ISLANDE	PORTUGAL	

Your Notes:

Mon Echange Scolaire *Notes*

MALVERN LANGUAGE GUIDES
PO Box 76   Malvern   WR14 2YP   UK

For details and an order form to order direct from us:-
  visit our website at www.malvernlangs.co.uk
  or phone 01684 577433 to speak to our staff
To check prices visit our website or phone our priceline on **01684 893756**
Titles available from us at the time of printing are:-

French
French Vocabulary - Your Malvern Guide for GCSE
French Speaking Test - Your Malvern Guide for GCSE
Essential French Verbs - Your Guide
French Grammar - Your Guide
Your French Dictionary
Key Stage 3 French - Your Guide
Common Entrance 13+ - French Vocabulary
Common Entrance 13+ - French Speaking Test
Standard Grade French - Your Vocabulary Guide (for Scotland)

German
German Vocabulary - Your Malvern Guide for GCSE
German Speaking Test - Your Malvern Guide for GCSE
Essential German Verbs - Your Guide
German Grammar - Your Guide
Your German Dictionary
Key Stage 3 German - Your Guide

Spanish
Spanish Vocabulary - Your Malvern Guide for GCSE
Spanish Speaking Test - Your Malvern Guide for GCSE
Spanish Grammar - Your Guide
Key Stage 3 Spanish - Your Guide

Italian
Italian Vocabulary - Your Malvern Guide for GCSE
Italian Speaking Test - Your Malvern Guide for GCSE
Italian Grammar - Your Guide

Exchanges and Visits
Mon échange scolaire
Mein Austausch
Mi intercambio escolar
My Visit to Britain (French or German versions)
Ma visite en France

Stickers
French, German, Spanish, Italian, Mixed
Numeracy/Tables, Achievement, Literacy

MES/03/2008